Claudia Kleindienst

Herr M

und seine Herde

Claudia Kleindienst

HERR M

und seine Herde

Eine kleine Streitschrift für
Grundschullehrerinnen

Prolog

Die Geschichte des Herrn M erzählt die Geschichte eines Mannes, der Herr über eine große Herde ist. Einer vorwiegend weiblichen Herde. Nach außen hin präsentiert sich Herr M gerne als treusorgender und gleichzeitig beaufsichtigender Hirte. Zum Wohle der ihm Anvertrauten. Er gibt sich vertrauenswürdig und harmlos, mitunter sogar interessiert am Wohlergehen seiner Herde. Gibt sich als Saubermann mit besten Absichten. Aber stimmt das? Oder ist seine Herde vielmehr in den Fokus seines Zielfernrohrs geraten? Ist Herr M Betreuer oder Bewacher? Besonders gefragt werden muss: Ist Herr M ein guter Herdenhirte? Ein guter Grundschullehrerinnen-Hirte? Denn aus genau diesen Herdentieren besteht die Herde des Herrn M.

Warum nun aber eine Streitschrift für diese Herdentiere? Brauchen sie eine Streitschrift? Es kommt auf die Perspektive an. Schließlich sind

Lehrerinnen ganz besondere Herdentiere. Ihnen eilen viele Attribute voraus. So sind sie faul. Oder ungerecht. Oder nett. Sie sind wichtig. Sie sind Betreuerinnen. Sie sind vielleicht systemrelevant. Die Liste dessen, was Grundschullehrerinnen sind, ist schier unendlich. Fast skurril. Eines ist jedoch Fakt: Jeder von uns kennt diese Spezies. Kennt sich mit ihr aus. Aus eigener Erfahrung, ob als Schulkind, als Mutter, als Vater, aus Filmen, aus Büchern. Diese Spezies an sich gibt immer etwas her. Viele von ihnen werden gemocht und geachtet. Nur nicht von Herrn M. Offenbar. Daher ist die Zeit gekommen, dass diese Herdentiere positive Aufmerksamkeit, vielleicht sogar Mitleid, erfahren. Irgendwie stehen sie nämlich auf der schwarzen Liste des Herrn M. Er hat Vollzugsmaßnahmen gegen viele von ihnen eingeleitet. Und seit er damit angefangen hat, hört er nicht mehr auf. Und die Pandemie öffnete ihm Tor und Tür noch mehr. Nun sind beide weit geöffnet.

Die Herdentiere wehren sich nicht. Sie haben gelernt, ihrem Herrn M zu gehorchen. Und das Kalkül des Herrn M ist aufgegangen. Gut gepokert! Auf Kosten einiger Herdentiere und dadurch auch auf Kosten einiger Mini-Herdentiere, besser gesagt, Kinder. Das macht ja nichts. Denn: Die Masse macht´s. Macht gesichtslos. Schaut und hört man auf Herrn M, auf seine Taten und Ankündigungen, gewinnt man diesen Eindruck:

Die Spezies seiner Herdentiere, diese Grundschulherdentiere, müssen wirklich einmal, und dies eindeutig und mit aller Gewalt, unter Kontrolle gebracht werden. Ohne Wenn und Aber. Was ist passiert?

Herr M und seine Herde

Es war einmal ein Herr M und seine Herde. Eines Tages befahl Herr M seiner Herde, auf der abgegrasten Weide zu bleiben. Er verschloss sorgfältig das Gatter zum grünen Weideteil, ließ den Blick über die Menge schweifen und dachte bei sich: Irgendwie habe ich nicht genügend Herdentiere. Wie kann ich es schaffen, dass sie mehr Dienst verrichten, bis ich endlich Nachschub habe und ihn mir leisten will. Herr M überlegte scharf und plötzlich kam ihm eine wahrhaft großartige und raffinierte Idee. Ich muss aufpassen, dass sich bis dahin keines der Herdentiere selbstständig macht. Ich brauche vorerst gar nicht so viele neue. Ich nutze meine vorhandenen Tiere effektiver! Gesagt, getan. In einer Nacht- und Nebelaktion, ehe die treuen Herdentiere sich versahen, wählte nun Herr M seine älteren Herdentiere aus und beschloss, dass sie genug der Sonderbehandlung genossen hätten. Schluss mit der Teilzeit für ältere

Herdentiere. Ja wirklich. Warum sollte nicht einfach jedes ältere Herdentier, das ja für den Fortbestand der Menschheit schon genug getan und somit ausgedient hatte, nicht einfach doppelt so viel arbeiten. Mehrere Jahre lang. Ohne Wahlfreiheit. Ü 50 Tiere dürfen nicht wählen in der Herde des Herrn M. Wo kämen wir denn da hin? Und besonders gewitzt fühlte sich Herr M mit der Idee, diese Tiere auch noch eine Stunde gratis in Dienst zu nehmen. Ohne Futterrecht gewissermaßen. Und wenn sie kaputt sind, wie das auch bei Herdentieren vorkommt, was stört das einen Herrn M.

Sie brauchen keine Schonung. Staatliche Zückerchen genossen haben sie auch genug - dass diese Herdentiere tatsächlich arbeiten, vergessen wir im Land des Herrn M. Sie betreuen ja nur. Betont er immer wieder. Also ist es logisch, diese alten Schafe noch etwas besser auszunutzen. Außerdem sind sie staatlicher Besitz. Sein Besitz? Manches ältere Herdentier fragt sich, warum nicht auch die jüngeren, die kräftigen, die frischen Herdentiere auswringen? Vor ihnen hat Herr M vielleicht Angst, ihre Lobby ist stärker. Die müssen ihm ja noch länger folgen und haben mehr Kraft. Sie könnten rebellieren, sind ja noch Teil einer Familie und verdienen deshalb staatlichen Schutz. Ü 50 Schafe haben keine Familie mehr im Land des Herrn M. Recht auf echte Teilzeit haben sie daher auch nicht. Wer nun meint, diese Herdentiere seien hysterisch, dem sei erklärt:

Die Maßnahmen des Herrn M bedeuten für Herdentiere, die bislang in Teilzeit Miniherdentierklassen geleitet haben, mitunter ein Plus von 50%. Unfreiwillig. Das ist kein Pappenstiel. Wer den Beruf des Herdentieres kennt, weiß, was es bedeutet. Und es bedeutet noch mehr. Teilzeit für Ü 50 im Herdentierland des Herrn M bedeutet sehr wenig weniger als Vollzeit. Das ist echte Teilzeit, oder? Je älter ein Herdentier ist, desto mehr muss es ran. Es sei denn, es ist krank. Ok. Und wenn nicht, soll es so tun, als ob. Denn dann geht Teilzeit. Das ist das besondere im Herdentierland des Herrn M. Das ist der Trick. Ohne Trick geht es nicht. Denn sonst wird ohne Wenn und Aber entschieden. Gegen den Willen, den Wunsch, das Wohlergehen, die Redlichkeit des Herdentieres. Das Procedere des Herrn M heißt nicht Dialog, Kompromiss, Kommunikation. Sein Zauberwort heißt nicht „Bitte". Das kommt aus dem Kinderland. Es heißt „dienstrechtliche Konsequenzen". Deshalb folgt das Herdentier. Im Allgemeinen.

Nun bleibt tatsächlich zu überlegen, ob Herr M ein Hirte im biblischen oder bäuerlichen Sinne ist. Beide Hirten haben eine Eigenschaft gemein. Sie haben den Ruf, gute Hirten zu sein. Fürsorgliche Hirten. Schützende Hirten. Aufgabe des Herrn M wäre dies auch. Sogar gesetzlich vorgeschrieben. Nicht nur reglementieren, kontrollieren, diskreditieren, drohen. Aber Herr M hat Hirte sein nicht gelernt. Hat es auch nicht im Blut. Er interpretiert seine Hirtenrolle selbst. Individuell und kreativ. Frei von Regeln des guten Tons. Frei von Ethos. Frei von Vernunft. Frei von Mitmenschlichkeit. Frei von Achtung. Sehr frei also. Unser Herr M ist eben kein Hirte, wie man ihn sich erträumt. Im Kinderland. Er ist Wärter, Bewacher, Anordner, Dompteur. Das Wohlergehen seiner einzelnen Herdentiere liegt ihm nicht am Herzen. Das einzelne Herdentier ist unwichtig. Die Herde ist am besten mundtot, trägt einen Maulkorb und ist wehrlos ausgeliefert. Sie ist folgsam und duldsam. Aber halt. Nochmal: Sie kann sich doch wehren. Sie kann sich krankmelden. Das ist der Trick! Das Herdentier muss dann die Krankheit tragen und verteidigen. Die verordnete, gar erfundene Krankheit. Und Herr M und seine Hütehunde machen schnell die Augen zu. Sie wissen, dass es nicht anders geht. Sonst müsste man etwas ändern oder individualisieren. Also lieber anordnen und weggucken. Genauso effektiv wie der Maulkorb für

Herdentiere funktioniert das Halsband. Unsere Schafe sollen schweigen und nicht frei herumlaufen. Da sie jedoch im Kinderland leben, haben sie manchmal das Gefühl von Freiheit, oder auch von Macht, wenn auch sie mal austeilen dürfen. Nur rein theoretisch. Aber Vorsicht ist geboten. Das Halsband des Herrn M ist immerdar. Es hat Stacheln an der Innenseite, damit Herr M wirkungsvoll kurz daran rucken kann. Zack, Zack, Zack. Scheinbar macht das Herrn M besondere Freude, denn seine Zacks folgen immer schneller und willkürlicher - die Pandemie macht es möglich. Und was machen die Herdentiere, seine Schafe? Sie lassen sich zacken. Das Zauberwort heißt schließlich - wir wissen es schon - dienstrechtliche Konsequenzen. Davor hat jedes Schaf Angst. Es ist gut erzogen. Die mentalen Elektrozäune funktionieren blendend. Und wenn sich das Schaf zu nah an den Zaun gewagt hat? Kann es sich ja krank melden. Staatlich verordnet. Angeordnet.

Vorgeschlagen. Provoziert. Die beste aller möglichen Lösungen im Herdentierland. Einzig so kann man den Maßnahmen des Herrn M entgehen, wenn man Pensionsberechtigung und Beamtenstatus behalten will. Denn die Maßnahmen gegen ausscherende Herdentiere sind einfach und wirkungsvoll. Man schert nicht aus im Herdentierland. Das gemeine weibliche Herdentier ist nämlich nicht nur folgsam, sondern es reagiert auf kleinste Androhungen. Es ist ein Angsttier. Hat auch Angst, die erworbene Absicherung zu verlieren. Zu Recht. Beschützer hat das Herdentier nicht wirklich. Denn auch die Beschützer werden von Herrn M betreut und reglementiert. Sie verstehen das Herdentier, sind sie doch selbst ein halbes. Sie wollen helfen und können auch nur ratlose Ratschläge geben. Denn sie müssen auf sich aufpassen. Das ist verständlich. Auch sie werden regelmäßig gepiekt. Damit sie brav und folgsam bleiben. Zusätzlich hat Herr M ein Netzwerk an

Freunden. Auf die kann er sich verlassen, solange sie ihn zum Freund haben wollen. Solange sie ihn brauchen. So lange hat er freie Hand im Herdentierland. Denn endlich ist mal jemand da, der für Ordnung sorgt im Land der Herdentiere. Nachhaltig. Also keine Chance für unsere Herdentiere. Arme Herdentiere. Ihr Hirte ist also doch nicht fürsorgend und wohlwollend.

Ist das redlich? Gerade das Berufsbild der Herdentiere verlangt eine hohe ethisch reflektierte Verantwortungsübernahme. Wäre es nicht logisch, wenn auch dem Herdentier diese Haltung entgegengebracht wird? Besonders von seinem Hirten? Das Herdentier gelobt schließlich Treue und wird im Normalfall sogar vereidigt! Es kann erwarten, dass auch es selbst, obwohl Teil einer Massenherde - das hat es inzwischen begreifen müssen - nach gewissen Werten behandelt wird. Gleiches zu Gleichem. Der Bildungskanon betont diese ethische Komponente. Sie versteht sich von selbst. Ist man doch im Sozialen tätig, im Bildungsbereich, im Kinderland. Aber Herr M hat gut sitzende Scheuklappen. Er blendet Grundprinzipien des menschlichen Miteinanders aus. Er blendet Kommunikation und Achtung und Verantwortung aus. Diese Tugenden gelten für andere. Nicht für den Hirten einer Grundschullehrerinnenherde, die für eine bessere Welt wichtig ist. Systemrelevant ist. Zukunftsrelevant.

Fällt also die Entscheidung, ein Herdentier zu werden, so ist diesem nicht unbedingt klar, was das bedeutet. Zunächst hat das Herdentier das Gefühl von Sicherheit unter dem Schutzschirm eines fürsorglichen Hirten. Der soll als Gegenleistung für das Wohl des Herdentieres und seiner Familie sorgen. Tut er ja auch. So sieht es das Gesetz vor. Regelmäßiges Einkommen gehört dazu. Schutz bei Krankheit. Angebot der Teilzeit. Vereinbarkeit von Familie und Beruf. Das meint das Herdentier. Das meinen seine Freunde, seine

Familie. Es gilt aber alles nur bedingt. Solange das Herdentier in die Regularien des Herrn passt. Eine Altersgrenze einhält. Und schon gar nicht präventiv eine work-life-balance aus der Vernunft für den langen Erhalt der Herdentätigkeit anstrebt. Man verfügt über Arbeitsmotivation und Gesundheit der Herdentiere. Sie sind Besitz. Selbst erworbene Fleißkärtchen, der Nachweis über Treue und Leistungsbereitschaft, oder gar Qualität gelten nichts, wenn Herr M Vollzugsmaßnahmen einsetzt. Teilzeit geht nicht, wenn zu alt. Wer nicht will, wie Herr M, muss sich ducken, oder weg. Vielleicht auch, wer nachdenkt über sich, über seinen Beruf als Herdentier, über Freude am Beruf, über Idealismus. Denn zwei Dinge braucht der Beruf des Herdentieres, will er nachhaltig gelingen: Freude und Idealismus. Dann gelingt Motivation, dann gelingt Enthusiasmus, dann gelingt Arbeitseinsatz über das geforderte Maß. Dann gelingen Empathie und Fortschritt.

Downshifting für verbeamtete Herdentiere - geht das? Nein, es geht nicht. So bestimmt Herr M. Wäre zu modern. Wäre zu entgegenkommend. Die nächsten fünf Jahre geht es schon gleich gar nicht. Warum? Zu wenig Herdentiere hat das Land. Warum? Wegen schlechter Planung? Wegen schlechter Bezahlung? Wegen zu wenig Freiheiten? Wegen schlechtem Image? Viele Hypothesen. Vielleicht wahr. Dennoch zurück: Ein Downshifting könnte doch wie ein Katapult wirken. Ein Beschleuniger. Erfahrene Herdentiere inspirieren jüngere Herdentiere. Halten ihnen auch mal den Rücken frei. Denn der Anfang ist schwer im Herdentierland. Ein Downshifting Herdentier ist kein Drückeberger. Es hat keine Lizenz zum Faulenzen. Will es auch nicht. Es ist ein Herdentier, das Selbstverantwortung übernehmen will. Produktiv sein möchte. Mit Augenmaß und Ehrlichkeit. Aber, merke: Herdentier sein und Downshifting schließen sich aus. Es

wäre lächerlich vernünftig und menschenfreund-
lich und fast mondän. Wie viel besser als ein
downgeshiftetes Herdentier ist ein lustloses und
vom Amtsarzt krank geschriebenes „teildienst-
fähiges" Herdentier. Das macht sich scheinbar
besser. Ein gesundes Herdentier, ohne Krankheit
oder kranke Angehörige muss diese entweder
konstruieren oder kündigen. Teilzeit geht sonst
nicht. Besser lügen, wenn man im Herdentierland
bleiben will. Und wer nicht lügen will, muss weg.
Schutz, Arbeitsplatz, Vorsorge, Absicherung,
Frauenrechte, Pensionsberechtigung - auch weg.
Auch Beurlaubung für ein Ü 50 Tier, um we-
nigstens erworbene Sicherheiten zu bewahren,
geht nicht. Bloß kein Kompromiss. Denn work
life balance, Selbstverantwortung, das passt nur in
Kinderwelten, da wird es extra beigebracht.
Klasse 2000. Ganz wichtig. Herdentiere dürfen
das nicht. Im Herdentierland verzichtet man lieber
auf motivierte Mitarbeiter, als sie zu motivieren.

Motivierte Teilzeitherdentiere braucht man gleich gar nicht. Wir haben ja genug Herdentiere, oder? Sind in einer komfortablen Situation, oder? Zumal es ja bekanntlich für die Arbeit eines Herdentieres auch noch vollkommen gleichgültig ist, ob es motiviert, fit und freudig ist. Stimmt doch, oder? Haha. Wer will motivierte, fitte und freudige Grundschullehrerinnenherdentiere? Die brauchen wir nicht. Die lassen wir gehen. Auch redlich handelnde Herdentiere wollen wir nicht. Die lassen wir auch gehen. Krank machen, krankmelden, reglementieren, lügen müssen, sich verleugnen, das sind die wahren Werte. Die werden eingefordert. Das ist schade. Das ist kurzsichtig. Kurz gesagt: Das ist peinlich und beschämend für den Drahtzieher.

Hilfe für Herrn M

Wer kann Herrn M nun helfen? Offenbar ist Herr M als Kind nicht in den Genuss einer empathisch geprägten Schulzeit gekommen. Man könnte befürchten, er hat als Kind schlimme Erfahrungen mit den Grundschulherdentieren gemacht. Woher sonst diese Wut und die Maßnahmen gegen diese Tiergruppe? Sie verlocken ihn, gegen die Warnungen Vieler trotzdem Vollzugsmaßnahmen einzuleiten. Diese Tiere haben es ihm einfach ganz besonders angetan. Erscheinen ihm leicht zu kontrollieren. Eine gute Kinderstube hat sich in diesem Fall für Herrn M erledigt. Vernünftige und qualitätsorientierte Planung hat sich erledigt. Auch eine gewisse psychohygienische Grundkenntnis hat sich erledigt. Auch Kenntnisse über den Wert von Prävention physischer Krankheit haben sich erledigt. Gibt es nicht im Reiche des Herrn M. Denn Herr M will schließlich der härteste Herr M sein. Er zeigt, wie man mit

Lehrermangel umgeht. Er greift durch. Gegen diese Grundschulherdentiere. Das war längst überfällig. Auch Nachtreten ist erlaubt. Die Herdentiere sollen bloß nicht zu schnell wieder munter werden. Ruhig eingeschüchtert bleiben. Das geht nicht in nett. Härte muss gezeigt werden. Kompromisslosigkeit ist noch besser. Hat Herr M zumindest das Gefühl. Strahlt er aus. Seine moralische Reflektionsfähigkeit hat Lücken. Scheinbar. Er könnte ja seiner Rolle auch eine philantropische Wendung geben. Im Moment ist es für einige Herdentiere leider eine diabolische. Also ist es nur richtig, wenn die Grundschulherdentiere versuchen, ihm zu helfen, ein besserer Herr M, ein besserer Hirte zu werden. Gar ein guter Hirte? Er will doch schließlich der beste Herr M aller Zeiten werden, oder nicht?

Und: Herdentiere müssten ihm eigentlich helfen können. Wer sonst? Sie sind einmal Pädagogen gewesen, bevor sie Betreuer und Personal wur-

den. Auch wenn Herr M diese neue Rolle gebets-
mühlenartig wiederholt. Denn Personal und Betreuer kann man lenken, sie müssen folgen. Das
ist impliziert. Pädagogen könnten selbst denken,
sie müssen integrieren, bilden, ethische Grundprinzipien vermitteln und vorleben. Aber: Von
dieser Meute wird er sich nicht helfen lassen.
Probieren wir es trotzdem. Bildungsziele für
Kinder können auch in Erwachsenensprache
übersetzt werden. Welche Lektionen wären denn
nun gewinnbringend für das Sozial- und
Arbeitsverhalten eines Herrn M?

1. Lektion

Habe Achtung vor deinem Mitmenschen, auch wenn er Teil einer scheinbar gesichtslosen Herde ist.

2. Lektion

Es gibt auch Werte! Handle danach!

3. Lektion

Herdentiere sind Fachleute. Staatlich studiert! Lerne von ihnen!

4. Lektion

Sei offen für die Argumente deiner Herdentiere! Höre sie!

5. Lektion

Herdentiere sind nicht dein Besitz!

6. Lektion

Herdentiere haben ein Recht auf Würde!

7. Lektion

Herdentiere bedeuten Zukunft. Handle mit Weitsicht! Schütze sie!

8. Lektion

Pflege deine Herdentiere! Gesunde Herdentiere sind billiger und leisten mehr!

9. Lektion

Auch ein ausgewachsenes Herdentier hat Recht auf Familie und Freizeit!

10. Lektion

Willst du gesellschaftliche Herausforderungen stemmen, brauchst du die Herdentiere! Lobe sie!

Merke: Bayern first geht nur mit leistungsbereiten, leistungsfähigen, motivierten und selbstbewussten Herdentieren. Da musst auch du etwas tun! Nicht nur fordern, sondern fördern! Also pflege deine Herde und höre auf sie - mit Augenmaß und Besonnenheit.

Vision

Schaut man sich das Berufsleben der Grundschulherdentiere an, ihr Wirken für die Gemeinschaft,
die Wichtigkeit dieses Wirkens im Wechselspiel
von Bilden und Erziehen. Flankiert von dem viel
bemühten Spruch „mit Kopf, Herz und Hand",
ergibt sich eine Vision. Eine logische Vision. Sie
steht allerdings dem Machtstreben und Kontroll-
traum des Herrn M entgegen. Und seiner Angst.
Könnten zufriedene und gewürdigte Herdentiere
übermütig und stark oder faul werden? Sie könnten Oberwasser kriegen. Ganz gefährlich. Der ge-
bildete Mensch jedoch weiß: Das ist im Normalfall ein Fehlschluss. Motivation und Wertschät-
zung können anspornend wirken, stärken die Verantwortung für die Sache, das Gefühl der Zugehö-
rigkeit, die Freude am Tun. Das heißt in puncto
Grundschulherdentiere:
Weniger Kranke. Weniger Kosten. Weniger Be-
schwerden. Stattdessen, Fortschritt und Leistung.

Im Umkehrschluss daher die Vision: Glückliche Herdentiere + glückliche Kinder + glückliche Eltern = Gewinn für alle. Gewinn für das Bildungsland mit der weltbesten Bildung.

Und: Lob für Herrn M.

Anhang

„Demnach basiert beruflicher Erfolg auf drei E´s: Exzellenz, Engagement und Ethik. Die Kernthese lautet: Erst, wenn alle drei Aspekte erkennbar sind und auftreten, sind Menschen in ihrem Tun erfolgreich. Übertragen auf die Tätigkeit einer Lehrperson bedeutet dies, dass erfolgreiches Handeln in Schule und Unterricht nicht nur Wissen und Können (in diesem Sinn Exzellenz), sondern auch Wollen (in diesem Sinn Engagement) und Werten (in diesem Sinn Ethik) erfordert."

(Zierer, Klaus: Lernen 4.0. Baltmannsweiler 2020: Schneider. S. 134/135)

„Erfolgreiche Lehrpersonen haben nicht nur eine Leidenschaft für das Fach, sondern auch für die Didaktik und die Pädagogik, für die Lernenden und ihren Beruf. Und diese Leidenschaft ist nicht nur wichtig, um eine erfolgreiche Lehrperson zu werden. Sie ist auch wichtig, um ein Leben lang diesen herausfordernden Beruf auszuüben, also erfolgreiche Lehrperson zu bleiben."

(Zierer, Klaus: Lernen 4.0. Baltmannsweiler 2020:
Schneider. S. 135/136)

„Dagegen wiederum ist an Richter und Verwaltungsbeamte einige reale Macht delegiert, während man die der Lehrer als eine über solche, die nicht als voll gleichberechtigte Rechtssubjekte gelten, nämlich Kinder, im öffentlichen Bewusstsein wahrscheinlich nicht ernst nimmt. Die Macht des Lehrers wird verübelt, weil sie die wirkliche Macht nur parodiert, die bewundert wird."

(Theodor W. Adorno: Tabus über dem Lehrberuf 1965.
in: Erziehung zur Mündigkeit. Frankfurt 27. Auflage 2019.
S. 75)

„Die Mißachtung des Lehrers hätte demnach auch den Aspekt, daß man ihn, weil er in eine Kinderwelt eingespannt ist, die entweder ohnehin die seine ist oder der er sich anpasst, nicht ganz als Erwachsenen betrachtet, während er ein Erwachsener ist und seine Ansprüche aus seinem Erwachsensein ableitet."

(Theodor W. Adorno: Tabus über dem Lehrberuf 1965. in: Erziehung zur Mündigkeit. Frankfurt 27. Auflage 2019. S. 79)

„Deshalb hat Max Weber in seinem immer noch lesenswerten Vortrag des Jahres 1919 über „Politik als Beruf" etwas zu pauschal vom „Augenmaß" des Politikers gesprochen. Er hat hinzugefügt, der Politiker müsse „für die Folgen seines Handelns aufkommen". Tatsächlich, so denke ich, müssen nicht nur ganz allgemein die Folgen, sondern ausdrücklich auch die ungewollten Folgen, auch die in Kauf genommenen oder nicht vorhergesehenen Nebenwirkungen gerechtfertigt sein; die Ziele seines Handelns müssen moralisch gerechtfertigt sein. Sie müssen verantwortet werden können."

(Helmut Schmidt: Konflikt zwischen Vernunft und Religion. Die Weltethos-Rede. Hamburg, 2. Auflage 2016. S. 33)

„Verantwortungsgefühl und Verantwortungsfreudigkeit sind heute als „soft skills" unerlässlich für schulischen und beruflichen Erfolg."

(Piazolo, Michael: Alte Werte – neue Relevanz: Bedeutung von Werten in Krisenzeiten. in: Zierer, Klaus (Hrsg.): Werte in Bayern. München 2020. S. 92)

„Zukunft prägen - Lehrer/-in werden. Bayern braucht Lehrer/-innen"

(Bayerisches Staatsministerium für Unterricht und Kultus/Juli 2021)

„Der Ehrliche ist der Dumme."

(Wickert, Ulrich. Der Ehrliche ist der Dumme. Hamburg 1994/4)

„Diese Fokussierung ist deshalb relevant, da der Lehrberuf seit Jahren zu den herausforderndsten Berufen überhaupt zählt, ein allgemeiner Lehrermangel zu beklagen ist und zudem krankheitsbedingte Frühpensionierungen ein Problem darstellen."

(Zierer, Klaus/Böttger, Tobias: Corona-Angst. Auch ein Problem für Studierende. in: Forschung und Lehre 1/22. S. 22)

„Man kann sagen, daß drei Qualitäten vornehmlich entscheidend sind für den Politiker: Leidenschaft - Verantwortungsgefühl - Augenmaß."

(Max Weber: Politik als Beruf. Stuttgart 2020. S. 62)

Die Autorin

Dr. Claudia Kleindienst war 17 Jahre als Lehrerin an einer Grundschule in München tätig. Als promovierte Grundschulpädagogin übernahm sie zudem verschiedene Lehraufträge an bayrischen Universitäten. Sie ist verheiratet und hat zwei Töchter.

Danksagung

Mein herzlicher Dank geht an alle meine Ratgeber und Freunde. Zunächst danke ich meinen Grundschulkindern, die den Lehrerberuf stets wertvoll machten. Ebenfalls möchte ich meinen Kolleginnen für ihr Verstehen danken. Ganz besonders danke ich meiner Familie und meinen Töchtern und vor allem meinem Mann für seine intensive Unterstützung.

Über dieses Buch

Diese kleine Streitschrift erzählt in Parabelform vom Umgang mit Grundschullehrerinnen in Zeiten von Lehrermangel und prophezeiter Bildungskatastrophe. Den Anstoß für einen Ausweg aus der Misere des Lehrernotstands geben 10 Lektionen, die als Handreichung für eine zukunftsweisende Kommunikation gedacht sind.

Bewusst bezieht sich diese kleine Streitschrift vorwiegend auf Grundschullehrerinnen, weshalb auf das Gendern verzichtet wurde.

Alle handelnden Personen sind frei erfunden. Jegliche Ähnlichkeit mit lebenden oder realen Personen wäre rein zufällig.

Impressum

Bibliografische Information der Deutschen Nationalbibliothek:

Die Deutsche Nationalbibliothek verzeichnet diese Publikation in der Deutschen Nationalbibliografie; detaillierte bibliografische Daten sind im Internet über http://dnb.dnb.de abrufbar.

© 2022 Claudia Kleindienst

Herstellung und Verlag: BoD – Books on Demand, Norderstedt

ISBN: 978-3-7557-7398-6